The Book of Excellence

인생은 앞유리를 통해서 보라

버드 바게트

박해순 옮김

東文選

인생은 앞유리를 통해서 보라

내 어머니,
코치 클리반 프라이스,
나의 벗 행크 에디슨과의
추억으로.

아내이자 가장 친한 벗인 진에게
깊은 감사를 드린다.
그녀가 겸비하고 있는 성실함이야말로
내 인생의 축복이다.

THE BOOK OF EXCELLENCE
by Byrd Baggett

Copyright © 1990, 1992 by Byrd Baggett
Korean Translation Copyright © 1996
by Dongmoonsun Publishing Co.

This edition was published by arrangement with
Routledge Hill Press, Tennessee
through the DRT International, Seoul

서두에서

책을 쓰겠다고 생각을 한 적은 없었습니다.

나는 늘상 바쁘게 돌아다니는 것이 천직인 일개 세일즈맨에 지나지 않습니다. 18년 동안 사무용 가구나 일반 소비자용품을 판매하는 일에 종사하면서, 바쁘게 거리를 돌아다니거나 혹은 판매 스태프를 지휘하는 나날을 보내왔습니다.

그러므로 이익을 얻기 위해 시작했던 나의 일이, 한 권의 책이 되어 세상에 나왔을 때의 놀라움은 말로 표현할 수 없을 정도였습니다. 단순히 심심풀이로 시작한 일이 가슴 설레는 작업이 되어 버렸던 것입니다. 실제로 세일즈를 하면서 무엇을 하건 늘 비즈니스 작법을 메모해 두었습니다. 그리고 친구들에게 그 메모를 보여 주었더니 복사해 달라는 사람이 몇몇 있었습니다. 그래서 그것을 어느 저명한 세일즈와 마케팅 컨설턴트에게 보여 주자, 그는 꼭 출판사에 가보라고 하면서 이런 말을 덧붙였습니다.

「세일즈는 기본으로 되돌아오는 것이 필요하답니다.」

나는 그 말에 동감했고, 그의 의견에 따르기로 했습니다. 비즈니스 작법에서 성공한 예를 메모하기 시작한 것도 어느 트레이닝 세미나에 참가한 뒤의 일이었습니다. 그때까지 경험은 하고 있었지만 그 세미나 역시 이론은 훌륭했으나 실상은 따분하기 그지없었습니다. 세미나·카세트·비디오·학습 가이드와 같은 것을 보아도 실제로 유용하게 쓸 수 있는 것은 극소수에 불과하다는 것을 경험으로 배웠습니다. 그리고 판매나 이익의 증대와 결부시킬 수 있는 것 또한 매우 드물었습니다.

처음에는 우울한 기분에서, 그 다음에는 모험심에서, 나는 18년 동안 세일즈 활동에서 배운 것이 무엇인가를 스스로 자문해 보았습니다. 그리고 곧바로 쓰기 시작했던 것입니다. 금새 몇 쪽이 메모로 가득 찼습니다. 누구나 충실하게 실천만 하면 모든 세일즈를 성공으로 이끌 수 있다는 자신감이 생겼습니다.

본서에는 내가 각계에서 활약하고 있는 인사들에게서 배운 내용이 기록되어 있습니다. 소위 세일즈맨뿐만이 아니라, 은행가·회계사·변호사·의사·주식중개인 등 그 외의 사람들도 다수 포함되어 있습니다. 나는 믿어 의심치 않습니다—이들은 어디까지나 단순하게 사고하면서 적극적인 비즈니스 작법을 개척하여 성공을 거둔 사람들입니다.

가장 중요한 것은 한 가지! 그것은 세일즈에서 성공을 거두는 데에 있어서 우주공학 박사라든가 뇌외과 의사와 같은 두뇌가 요구되지는 않는다는 것입니다. 이 책에는 내가 애착을 갖고 있는 세일즈라는 일에서 사람들을 성공으로 이끄는 비결이 수록되어 있습니다.

버드 바게트

인생은 앞유리를 통해서 보라

Look at life through the windshield

1

Excellence
is not
optional.

탁월은
유일무이의 목표이다.

(excellence=탁월은 비즈니스
활동에서 지향해야 할 제1급의 수준.)

2

Success at the
expense of faith and family
really is failure.

신의와 가족을 희생시킨 성공은
결국 실패이다.

3

Proper planning
prevents poor performance.
Remember this as the five Ps.

적절한 입안은 서투른
선전판매를 방지한다.
이것을 5P의 원칙으로 터득할 것.

4

The nineties will see
the death of the order taker.
Are you an order taker?

90년대를 앉아서 기다리는
세일즈맨은 도태당한다.
당신은?

5

Be a team player.
Prima donnas don't last.

팀 플레이를 잘하라.
프리마돈나는 결국 벽에 부딪친다.

(prima donna = 가극의 주역. 단체행동을 싫어하는 사람.)

6

A good marketing plan
without sales and profits is a
guaranteed failure. Don't get the
cart before the horse.

아무리 훌륭하게 입안되었어도,
매상과 이익을 고려하지 않은
마케팅은 반드시 실패한다.
처음과 끝이 바뀌어서는 안 된다.

7

True wisdom is not a fad.

진실의 지혜란 유행하지 않는다.

8

Participate in a lead-sharing group.
Suggested members: accountant, lawyer,
developer, architect, telecommunications
representative, marketing expert from
your local chamber of commerce.
This group will keep you in the know.

비즈니스의 정보를 쥐고 있는
사람들 부류에 가담하라. 예를 들면
회계사·변호사·개발업자·
건축가·통신기기 판매업자·
지방 상공회의 마케팅 담당자.
그들은 언제나 귀중한 정보원이다.

(lead=비즈니스와 결부된 단서나 정보)

9

Develop a sense
of urgency to your work
and pay attention to details.

일에는 신속하게 대처하고,
사소한 일에 대한 배려도
소홀히 하지 말아라.

10

Know your market.
Where is the business?
Who has it?

마켓을 숙지하라.
일은 어디에 있는가?
누가 쥐고 있는가?

11

Don't put
all your eggs (time)
into one client's basket.

한 사람의 고객에게
모든 시간을 소비하지 말아라.

12

Make at least
one new account call
per week.

적어도 한 주에 한 건은
신규 예상고객을 방문하라.

13

Always ask for
the order !
Don't worry about
your technique or style.

잊지 말고
계약 이야기를 끄집어 내라 !
테크닉이나 스타일은 나중 문제이다.

14

Plan your sales calls
a minimum of one week
in advance.

세일즈 콜은
적어도 일주일 전에 계획하라.

(sales call=선전판매를 위한 고객방문.)

15

The customer's
perception *is* reality.

고객의 인지력이 바로
현실이다.

16

Customers will find a way
to buy from you if they like you.
They will also find a way not
to buy from you if they
don't like you.

고객은 당신이 마음에 들면
당신에게 살 것이고,
당신이 마음에 들지 않으면
당신이 아닌 다른 사람에게 살 것이다.

17

Know where your sales
increases will come from.
They won't just happen!

매상 증가의 원천을 알라.
그것은 우연히
발생하는 것이 아니다!

18

Always have
five new target accounts
in development.

새로운 예상고객을
항상 다섯 건은
개척해 두어라.

19

Have a single,
consolidated planning calendar
that you keep with you at all times.

모든 일정은
하나의 예정표에 기록하고
그것을 항상 가지고 다닐 것.

20

Never be too busy
to follow up on the
small things.

고객의 자세한 요망에
대처할 수 없을 정도로
바쁘게 활동하지 말아라.

21

Manipulating outcomes
never provides the
best results.

능수능란한 조종은
결코 가장 좋은 결과를
가져오지 않는다.

22

A bad attitude
cancels all other
positive skills.

우수한 판매기술도
태도 하나로 인해 모든 것이
허사가 된다.

23

Be present mentally
as well as physically
at meetings.

회의에서는
육체뿐만 아니라
정신도 출석시켜라.

24

Concentrate on your job,
not on everyone else's.

집중해야 할 것은
타인의 일이 아니라 자신의 일.

25

Be as critical of yourself
as you are of others.

타인을 보는 눈과 똑같이
자신에게도 비판적이 되라.

26

Good looks are
truly only skin deep.
Performance is lasting.

미모는 바로 한 꺼풀.
시들지 않는 것은
선전판매의 기량.

27

Are you
becoming complacent?

독선적이 된 적은
없습니까?

28

Arrogance is deadly.

거만은 치명상.

29

Do you add value
to your customer's business?

고객의 비즈니스에
가치를 부여하고 있습니까?

30

Always carry
an adequate supply
of business cards.

명함은 언제나 많이
가지고 다녀라.

31

You're not learning
anything when you're talking.

말하고 있는 동안은
아무것도 배우지 말아라.

32

Timing is everything.
Let it happen naturally.

모든 것은 타이밍이다.
아무렇지도 않은 듯 자연스럽게.

33

Each day
you get better or worse.
It's your choice.

매일매일 당신은
진보하거나 그렇지 않으면 퇴보한다.
어느쪽을 선택하느냐는 바로 당신 자신.

34

Know your
clients' hobbies.

고객의 취미를 알아두어라.

35

Send birthday
and anniversary cards.

생일 카드와 기념일 카드는
잊지 말고 보내라.

36

Push yourself.
Only you can motivate you.

너 자신을 열심히 질타하라.
자신에게 흥미를 줄 수 있는 자는
자신뿐이다.

37

Be a part of excellence,
not critical of it.

탁월의 측면에 서라.
그리고 비평을
일삼는 자는 되지 말아라.

38

Don't be late
for an appointment.
It's all right for customers
to be late.

약속시간에 늦지 말아라.
지각이 허용되는 자는
고객측.

39

Be open to change.

변화를 유연하게 받아들여라.

40

Carry an adequate supply of change. You never know when you will need to feed the parking meter or use a pay telephone.

잔돈은 충분히 가지고 다녀라.
주차장이나 공중전화에서
뜻하지 않은 때에 필요하게 된다.

41

Believe in yourself,
your company, your products.

자기 자신과
자기 회사와 자기의 상품을 신뢰하라.

42

Spend a minimum of
four hours per day
in front of customers.

적어도 하루에 4시간은
고객을 상대로 보낼 것.

43

Watch your weight.

체중 주의.

44

Do your socks
match your suit? Don't wear
light socks with dark suits.

양말이 양복에 맞습니까?
검은 양복에
밝은색의 양말을 신어서는 안 됩니다.

45

God has given you
another day.
Rejoice and be thankful!

신은 내일이라는 날을
주셨다.
기꺼이 감사하라!

46

Become actively
involved in your community
through a civic club.

민간단체에 가담하여
지역에 적극적으로 관여하라.

(civic club=로터리 클럽, 키와니스 인터내셔널과 같은
민간 봉사단체를 가리킨다.)

47

Beware of those who drop in.
They are time wasters.

약속도 없이
찾아오는 자를 조심하라.
그들은 당신의 귀중한 시간을
갉아먹는다.

48

Customers love
humility.

고객이란 겸허함을 좋아한다.

49

Opportunities come
in unexpected packages.

좋은 기회는
뜻하지 않은 모습으로 찾아온다.

50

Don't wear
too much jewelry.

보석류의 악세사리는
조심스럽게 살짝.

51

Be yourself.
You can't fool
the audience !

있는 그대로.
결국 자기의 타고난 본성을 보여 주어라 !

52

Great potential is
one of life's heaviest
burdens.

커다란 가능성이란
인생에서 가장 무거운 짐의 하나이다.

(뛰어난 기량이나 지식(=가능성)을 지닌 사람도,
대개는 그것을 허무하게 낭비해 버린다는 뜻)

53

Be nice.

호감을 주는 사람이 되어라.

54

Watch your jokes.
Make sure they are
wholesome and appropriate
for the audience.

상대를 생각하고 농담하라.
건전합니까?
어울립니까?

55

Don't get trapped
at the purchasing agent level.
Start at the top before
progressing to the purchasing
department.

구매담당자 수준에서
옴짝달싹할 수 없는 어리석음을 피하라.
정상에서 내려가라.

56

Keep
your competitors
on their toes!

라이벌을 불안하게 만드는
세일즈맨이 되어라!

57

The best defense
is still a good offense.

가장 좋은 방어는
언제든지 유효적절한 공격이 된다.

58

Are there any sales
training manuals, programs,
books, or cassettes collecting
dust on your shelves? Why?
You can still learn from them.

세일즈 입문서·연수 프로그램·
교본·카세트 등이
먼지만 뒤집어쓰고 있지는 않습니까?
이째서?
그러한 것에도 배울 것은 있습니다.

59

Be committed to your faith,
your family, and your company
—— in that order.

당신의 신념과
당신의 가족과
당신의 회사를 위해
—— 이런 순서로 헌신하라.

60

Send your customers
plants or flowers on
special occasions.

고객의 기념일에는
분재나 꽃을 선물하라.

61

Resist fads,
whether in clothes
or language.

유행을 배척하라.
옷이건 말투건.

62

Send your clients
copies of news articles
in which you believe
they have an interest.

고객의 관심을 끄는
뉴스기사 문안을
보내라.

63

Are your
shoes polished?

구두는 닦고 있습니까?

64

Does your belt
match your shoes?

벨트의 색은
구두의 색깔과 일치합니까?

65

Get up early
and work late.

빨리 일어나고,
늦게까지 일하라.

66

Ask your customers
to audit your performance.
Their opinion is the only one
that truly matters.

자기 자신의 활동성은
고객에게 평가하게 하라.
그들의 의견만이
진정한 의견.

67

Tell
the truth !

사실을 말하라 !

68

Are you doing
the same things this year
that you did last year?
If so, you are
losing ground.

올해도 역시 작년과 같은 일을
하고 있지 않습니까?
만약 그렇다면
당신의 기반은
무너지고 있을 뿐입니다.

69

Be well manicured.

손톱 손질을 깔끔하게.

70

Breakfast appointments
create sales opportunities.
Clients tend to be fresh and
more receptive then.

고객과의 아침식사는
비즈니스 찬스와 밀접한 관계가 있다.
상대방이 산뜻한 기분으로
받아들일 자세가 되기 쉬우므로.

71

Follow the leader,
not the follower.

리더의 뒤를 따르라.
추종자의 뒤를 따르지 말아라.

72

Make sure your customers
know your product and service
capabilities. It's amazing
how many do not.

당신이 제공하는
상품과 서비스의 내용을
고객에게 정확히 알려 주어라.
얼마나 많은 사람이
그 일을 하지 않는지.

73

Plan the following week
by this Friday.

다음주의 계획은
이번주 금요일까지 세워두어라.

74

Solicit feedback
from your competitors' accounts.
This is very useful for
identifying ways to
penetrate them.

라이벌 고객에게
반응을 캐물어서 알아내라.
그들에게 파고들 방식을
찾아내는 유효한 수단이다.

75

Set your watch ahead
five minutes. You will be
on time and will
experience less stress.

시계를 5분 빨리 맞춰두어라.
지각을 하지 않아서
스트레스가 줄어든다.

76

Don't waste
your energy on
negative gossip.

쓸데없는 잡담에
에너지를 낭비하지 말아라.

77

Expect excellence
from yourself and
from others.

당신만이 아니라
팀의 동료들에게도
탁월함을 기대하라.

78

Be serious
about your business.

자신의 일에
진지하라.

79

Have fun and
celebrate your successes.

즐겁게 일하고,
성공은 축하하라.

80

Check the Help Wanted
section. This will help you
identify the most progressive
companies. They always are
excellent sales leads.

인사부를 관찰하면
발전하는 회사의 가능여부를 알 수 있다.
발전하는 회사는 언제나
비즈니스 찬스의 보물창고이다.

81

Give business leads
to professional associates.
Most likely they will
return the favor.

동료에게도 비즈니스 찬스를
잡을 단서를 나누어 주어라.
그들도 반드시 보답할 것이다.

82

Call someone you
haven't seen for a while.
Don't just think about doing it.

오랫동안 격조했던 상대에게
전화를 걸어라.
계속 지연시켜서는 안 된다.

83

Never take your business
relationships for granted.

고객과의 거래관계를
당연한 것이라고는
결코 생각하지 말아라.

84

Use all the resources
available to you. Solo
performers have a
limited range !

사용할 수 있는 수단은
모두 이용하라.
한 사람의 힘에는 한계가 있다 !

85

Be loyal
to your employer.

고용주에게 충실하라.

86

A customer's
opinion is formed
within the first five minutes
after you meet.

고객에 대한 판단은
당신과 처음 만난 5분 안에
내려라.

87

Have a professional, but
not necessarily expensive,
wardrobe.

프로에게 어울리는
의복류를 갖추어라. 다만
반드시 값비쌀 필요는 없다.

88

If you consistently have to
be the cheapest to get the order,
you are not a professional
salesperson.

계약을 할 때마다
비굴해진다면,
당신은 프로 세일즈맨이라
할 수 없다.

89

Work harder *and* smarter.

좀더 맹렬하게,
그리고 좀더 현명하게
활동하라.

90

Reserve the middle
of the day and luncheons
for your clients.

정오의 시간과 점심식사 시간은
고객을 위해
비워두어라.

91

Monday mornings
and Friday afternoons
should be work time,
not wasted time.

월요일 오전과 금요일 오후도
일하는 시간.
허무하게 보내지 말아라.

92

Write it down.
Don't rely on
your memory.

메모를 하라.
기억력에 의존하지 말아라.

93

Seek advice
from successful people.

성공한 사람에게
조언을 구하라.

94

Never say negative things
about your company to your clients.
Instead, communicate your concerns
to your management.

고객 앞에서 회사 험담을
해서는 안 된다.
말하고 싶은 것은 직접
회사 상사에게 말하라.

95

If possible,
return calls within
one hour.

문의시에는,
될 수 있는 한 1시간 이내에
대답 전화를 걸어라.

96

Do you add enough value
to more than compensate
for the difference you charge
over your competitor's lower price?

라이벌과의 가격차를
벌충하는데, 지나치게
가치를 부여하고 있습니까?

97

Be a student of your
industry: trends, competition,
niche opportunities.

업계를 잘 알아라.
―― 그 동향, 경쟁상대,
빈틈에 숨겨진 찬스를.

98

Ask questions
and identify needs before
you present solutions.

질문하고,
먼저 고객의 요구를 찾아내라.
해결책을 제시하는 것은 그 다음의 일.

99

Underpromise
and overperform.

소극적으로 약속하고
약속 이상으로 실행하라.

100

If you follow up,
you will be a hero.

고객의 요구 사항을
성심을 다하여 끝까지 쫓아갈 수 있다면
일류가 될 수 있다.

101

Knowledge
without application
is useless.

응용할 수 없는 지식은
무용지물.

102

There is a
wealth of opportunity
for the true sales professional
in today's economy.

진정한 프로 세일즈맨에게,
지금의 경제는
비즈니스 찬스의 보물창고.

103

Listen.
Listen. Listen.

첫째도 듣고,
둘째도 듣고, 셋째도 듣는다.

104

Develop relationships with
people at various decision-
making levels within your
accounts. Personnel
changes are inevitable.

결정권을 가지고
다양한 레벨의 사람과
관계를 가져라.
인사 이동은 따라다니기 마련이다.

105

Don't compete
with your customers.

고객과 겨루어 보았자
소용이 없다.

106

Rapport is not developed
on the telephone. Face-to-face
interaction develops long-term
business relationships.

전화로 신뢰관계를 쌓을 수는 없다.
오래 된 거래는
직접 만나서 해결할 것.

107

Choose effectiveness
over efficiency.

유능함이
실제의 성과.

108

Don't go just for
the big hit. The greatest
opportunites exist in small-
to medium-size companies.

큰 건 하나만을 노리며
달려가지 말아라.
중소규모의 회사야말로
커다란 찬스.

109

Ask your customers
for sales leads.

세일즈의 실마리는
고객에게서 나온다.

110

The top 20 percent of sales
producers earn sixteen times
more income than the
bottom 80 percent.

상위 20퍼센트의
세일즈맨은,
나머지 80퍼센트의
16배를 벌어들인다.
〔양자의 평균수입 대비.〕

111

Don't just talk
about it, do it!

말뿐만이 아니라
그것을 행하라!

112

Watch those buzzwords!
They probably do not mean
the same to your clients as
they do to you.

전문가 같은 말투는 조심!
고객에게 그 의미를
올바르게 전달할 수 없을 것이다.

113

Excellence
knows no time clock.

타임 리코더는
탁월과는 무관한 것.

(타임 리코더란 카드나 테이프에 종업원들의 출퇴근 시간을
기록하는 장치를 갖춘 시계를 말한다.)

114

Rely on your support staff.
Your time should be spent
in front of the customer,
not in the office.

사무실 일은 서포트 스태프에게 부탁하라.
당신의 시간은
회사 안에서가 아니라 고객상대로
소비되어야 한다.

115

Spend two hours at home
per week in creative thinking,
planning, and working on
sales appointments.

일주일에 2시간,
안정된 자택에서의 시간을
창조적 사고와 입안과
약속을 하는 일로 충당하라.

116

Be a strong number two
at your competitors' accounts.

당신의 라이벌이
방심할 수 없는 라이벌이 되어라.

117

If you were your
own competitor, how would you
win over your accounts?

당신이 자기 자신의
라이벌이라면, 어떤 식으로
당신의 고객을 확보하겠습니까?

118

Motivation is what
turns knowledge and skill
into success.

의욕이야말로
지식과 기술을
성공으로 결합시킨다.

119

Always concentrate
on developing new business.
You never know when or how
you will lose one of
your key accounts.

항상 새로운 고객 확보에
전력을 다하라.
언제, 어떤 식으로
물건을 많이 사주는 손님을 잃을지는
아무도 모른다.

120

Don't leave
an opening for competition.

라이벌에게
기회를 이용할 틈을 주지 말아라.

121

Technology is
not a replacement
for hard work.

과학기술도
근면의 대역이 될 수는 없다.

122

Do your clothes
or breath reek of
smoke? Your customers
will find this offensive.

의복이나 호흡,
담배 냄새가 나지 않습니까?
고객은 그것을
매우 싫어한다.

123

All play
and no work
does not work.

늘 놀며
일하지 않고
성공할 수는 없다.

124

When you work
hard, you have earned
the right to play.

열심히 일하는 사람만이
놀 권리를 가질 수 있다.

125

Don't slack up
after a big sale. Turn
it up another notch.

큰 거래 뒤에
태만해지지 말아라.
목표를 하나 세우고 올라가라.

126

Does your company
consider you profit or
overhead? Hope it's not
the latter!

회사는 당신을
이익이라고 생각하고 있는가, 그렇지 않으면
경비로 생각하고 있는가?
아무쪼록 후자 쪽이 되지 않도록!

127

Emulate the
habits of the winners,
not the also-rans.

패자가 아니라, 승자의
비즈니스 처세술을 배워라.

(habit=습관. 여기서는 비즈니스상의 처세나 태도.)

128

It is very important
that you like yourself.

자기 자신을 좋아하는 것,
이것은 매우 중요한 일이다.

129

Strive to make
yourself and your company
number one.

분투하라,
당신 자신과 당신의 회사를
넘버원으로 만들기 위해.

130

Look at life through the
windshield, not through
the rear-view mirror.

인생은 앞유리를
통해서 보라.
백 미러로 보지 말아라.

131

Set goals.
Monitor your status on a
quarterly basis. Modify
your actions accordingly.

목표를 설정하고,
3개월에 한 번 점검하고,
그 결과에 따라
궤도를 수정하라.

132

Expect others to
make appointments with you.
Your time is important.

고객이 먼저 만나고 싶다고
말하게 만들라.
당신의 시간은 귀중하다.

133

Don't handle
administrative duties
during prime selling time.

대목 때에는
사무처리 일을
피하라.

134

Establish an exercise
routine. This is important
to your mental well-being.

운동습관을 길러라.
규칙적인 운동은
당신의 정신을 건강하게 유지하는
중요한 수단.

135

You have a choice
between developing good habits
and developing bad habits.

좋은 비즈니스 습관을 갖느냐,
나쁜 버즈니스 습관을 갖느냐를
선택하는 것은 바로 당신.

136

Carry your business
card file. You never
know when you will need
a telephone number.

명함 파일을 가지고 다닐 것.
전화번호는
뜻하지 않은 곳에서 필요하게 된다.

137

Don't let your
ego get in the way.

자만이
일에 방해가 되지 않게 하라.

138

Hold annual
feedback sessions with
your customers. You will be
amazed at the benefits.

일 년에 한 번, 고객과의
피드백 세션을 가져라.
그 효과는 분명 놀랄 것이다.

(feedback session=고객의 의견이나 반응을 듣기 위한 집회.)

139

『He who sows sparingly
will also reap sparingly,
and he who sows bountifully
will also reap bountifully.』
(《2 Corinthians》 9:6)

『적게 심는 자는 적게 거두고,
많이 심는 자는 많이 거둔다.』
(《고린도후서》 제9장 제6절)

140

Watch the amount
of liquor you consume.
Your credibility could be lost
in one evening.

주량 주의.
하루아침에
신용을 잃어버릴 수도 있다.

141

Send a plant to
your customer's open house.
It still works.

고객의 집에서 열리는 파티에는
화초를 선물하라.
이것은 언제나 효율적인 방법이다.

142

Dress conservatively.
It still conveys an image of
dependability and
responsibility.

복장은 보수적으로.
일이 맡겨지면 책임을 다해
완수하는 사람이라는
이미지를 심어 주어라.

143

Are your clothes
losing their crispness?

의복이
구겨지지는 않았습니까?

144

Is your hair
shaggy and unruly?
Is it too long? Do you use
too much hair spray?

머리카락이 푸석푸석하고
흐트러져 있지 않습니까?
너무 길지는 않습니까?
헤어 스프레이를
지나치게 사용하지는 않았습니까?

145

Tell your vendors who
behave professionally how much
you appreciate them.

가령 상대가 행상인이고,
프로의 판매기술을 보인다면
찬사를 아끼지 말아라.

146

Take an active,
not passive, role in
helping your community.

지역사회에 대한 공헌은
소극적이 아니라 적극적으로.

147

Observe five habits
of a successful salesperson
you know.

주변의 실적이 좋은 세일즈맨을
관찰하고, 그 사람의
비즈니스 처세술 다섯 가지를
찾아보아라.

148

Don't spend your time worrying about
why you *can't* win an account.
Concentrate your thoughts
on how you *can* win it.

왜 고객을 확보하지 못하는지
끙끙거리며 생각하지 말아라.
어떻게 고객을 확보할 수 있는지에만
정신을 집중하라.

149

If you are a veteran,
learn from the rookies.

베테랑은
신인선수에게서 배운다.

150

Use a beeper.
That will let the office
get in touch with you
when a customer needs you
in an emergency.

무선호출기를 가지고 다녀라.
회사에서 고객에게 온 긴급연락을
전해 줄 수 있도록.

151

Silence
is a necessity,
not a negative.

침묵은 필요이지,
소극적인 것은 아니다.

152

What percentage of your
customers' total business
are you receiving?

고객의 모든 구입액 가운데
몇 퍼센트를 당신이
차지하고 있습니까?

153

Don't confuse
efforts with results.

노력과 결과를
혼동하지 말아라.

154

Are you presenting
new ideas or concepts to
your clients? If not, your
competition will and
you will lose.

고객에게 새로운 생각이나 개념을
제공하고 있습니까?
당신이 제공하지 않는다면
당신의 라이벌이 제공하여
그 고객을 잃게 된다.

155

Keep sharpening your
written communication skills.

비즈니스 편지의 기술을
항상 연마하라.

〔written communication skills＝문장에 따른 의사소통의 기술.
정확하게는 비즈니스 편지에만 한정되지 않는다.〕

156

Avoid 〈canned〉 presentations.
They are boring.

천편일률적인
프레젠테이션은 〈금물〉.
상대를 지겹게 할 뿐.

〔presentation＝고객에 대한 상품설명이나
구입계획에 대한 조언의 표시.〕

157

Don't talk down
to your customers.

고객을 업신여기는
말투를 써서는 안 된다.

158

Make two morning
and two afternoon appointments
your minimum daily goal.

오전에 두 건, 오후에 두 건의
방문은
매일매일 최저한의 할당량

159

Measure three times,
cut once.

세 번 치수를 재고,
한 번 재단한다.

160

Sell your customers
what they want, not what
you *think* they need.

고객이 바라는 것을
팔아라. 그들이 원한다고
당신이 추측하는 것을
팔아서는 안 된다.

161

Do you thoroughly know
the features and benefits
of your products?

자기가 파는 상품의
특징과 장점을
숙지하고 있는가?

162

Don't give away
the farm !

이익을 무시하면서까지
고객에게 양보하지는 말아라 !

163

Check your breath before
you meet your customers.

고객과 만나기 전에
호흡 체크를.

164

When you start
taking your customers
for granted, you start
losing them.

고객을 당연한 존재로
생각해 왔다면, 그것은
그들을 잃을 조짐이다.

165

Don't wear cheap cologne
or perfume. And don't use
an overpowering amount.

싸구려 코롱이나 향수를
사용하지 말아라. 타인이 질려서 물러날 정도로
많이 사용하지 말아라.

166

Let your support staff know
how special and important they are.
Be sincere when you tell them!

당신의 서포트 스태프가
얼마나 중요한 존재인지를
그들에게 알려라. 그럴 때에는
진심으로 알려라!

167

Do you feel
the customer is fortunate
to do business with you?
You better not !

자신과 거래할 수 있는 고객은
행운이라고 느끼고 있는가?
부디, 그렇지 않기를 !

168

Remember, it is
harder to keep an account
than it was to get it.

잊혀지지 않도록.
고객은 획득하는 것보다
유지하는 것이 훨씬
어려운 일이다.

169

Be nice
to secretaries.

비서에게는
상냥하고 친절하게.

170

Do you create sales
opportunities or just
react to them?

당신은 세일즈 찬스를
찾아내고 있는가? 그렇지 않으면
찾아온 찬스에
대응하고 있을 뿐인가?

171

Proofread all
correspondence !

모든 편지는
오자나 탈자를 점검하라 !

172

Reserve a weekly
luncheon or breakfast for
your spouse and children.
This time will be more important to them
than your business successes.

일주일에 한 번,
배우자나 아이들과 함께
점심식사나 아침식사를 즐겨라.
그들에게 이 시간은
당신의 사업상 성공보다 더 중요하다.

173

Make appointments.
Remember, your client's time
is very important.

약속을 해라.
고객의 시간은 매우 중요하다는 점을
잊지 말도록.

174

Much potential business
and better profit opportunities
exist in rural areas because
most of your competitors stay in cities.

숨겨진 비즈니스,
수지가 맞는 비즈니스 찬스는
시골에 있다.
대부분의 라이벌은
도시를 벗어나지 않기 때문이다.

175

Take time
to sharpen your saw.

당신의 톱을
갈 시간을 가져라.

(sharpen your saw = 여기서는 세일즈 기술을 연마하는 것.)

176

Don't expect prime accounts to
be handed to you.
Be proactive and develop
new business.

큰 고객이 회사나 상사로부터
주어진다고 생각하지 말아라.
적극적으로, 스스로 거래선을
개척하라.

177

Participate in
a fellowship group.

친목단체에
가담하라.

178

Don't expect your
customers to tell you
they are unhappy with
your level of service.

고객은 일의 방식에 대한 불만을
당신에게 직접
말해 주시 않는다는 점.

179

Be consistently
persistent, but
not a pest.

끈덕지게 버텨라,
그렇지만 귀찮은 존재로
소외당해서는 안 된다.

180

Do what you said
you were going to do,
when you said you were going to
do it, and how you said you
were going to do it.

약속한 것을,
약속한 시간에,
약속한 방식 그대로
행하라.

181

Strive for
increases in profits,
not just sales volume.

매상고뿐만 아니라
이익을 늘리도록 노력하라.

182

It's not the big
things you do for your
clients that make you successful.
It's the small things.

성공의 열쇠는
고객에게 커다란 은혜를 베푸는 것이 아니다.
중요한 것은
평범한 마음 씀씀이.

183

Spend as much time
providing customer service
as you do talking about it.

고객 서비스에는,
말한 것과 똑같은 정도의
시간을 투자하라.

184

Sales is not for everyone.
Don't feel you are a failure
if you try this profession
and it doesn't fit you.

세일즈는 모든 사람에게 적합한 일이 아니다.
이 직업에 뜻을 두었으나
적성에 맞지 않는다고 해서
패잔병으로 생각할 필요는 없다.

185

Know how
your products differ
from those of your competitors.

자기의 상품과
라이벌의 상품과의
차이를 숙지하라.

186

Invest your
time in learning,
not just in training.

훈련만이 아니라
배우는 데에도
시간을 투자하라.

187

Stop, listen, and
think before you respond.

입을 다물고,
귀를 기울이고,
대답하기 전에 생각하라.

188

Develop and commit to
memory ten questions
that will help you identify
a customer's needs.

고객이 희망하는 것을 찾아내서
10가지 질문을 고안하고,
그것을 암기하라.

189

If you're not changing,
you're not in first place.

변화하지 않는 자는
일류 세일즈맨이
되지 못한다.

190

Smile.
Customers like
positive people.

웃는 얼굴로.
고객은
적극적인 사람을 좋아한다.

191

When you are out of the office
call for messages at 10:00 A.M.,
2:00 P.M., and 4:00 P.M.

오전 10시, 오후 2시, 오후 4시,
회사로 전화를 걸어서
전하는 말을 확인하라.

192

Aim high.
You normally hit
what you aim for.

목표는 높게 겨냥하라.
평범한 화살은
겨누고 있는 과녁에 맞는 법.

193

Relationships
require more than
one sales call.

인간관계는
한 번의 방문으로
구축되는 것이 아니다.

194

Target accounts that fit
your profile for the
optimum customer.

가망이 있다고 생각되는
고객에게 초점을 맞추어라.

195

Don't tell
your customers how good
you are. Show them!

자신의 장점을
고객에게 말하지 말아라.
실천으로 보여 주어라!

196

Your chances
for success increase in
proportion to the number of
sales calls you make.

성공의 기회는
세일즈 콜의 수와 비례해서
늘어난다.

197

Be concerned
when you lose, but
never feel defeated.

실패는 진지하게 되돌아보아라.
다만, 결코
좌절하지는 말아라.

198

Don't dump all
your products on your clients.
Identify their primary needs
and submit your solutions.

고객 앞에서 상품을 모두
펼쳐 보여서는 안 된다.
그들의 주된 요구 사항을 알아내고,
그런 다음 당신의 해결책을 내보여라.

199

Have an objective for
each sales call.

세일즈 콜 때마다
목적을 하나 가지고 가라.

200

Read *Living Above
the Level of Mediocrity*
by Chuck Swindoll.
(Word, 1987)

척 스윈돌의 저서
《평범을 벗고 살라》를
읽어라.

(《Living Above the Level of Mediocrity》(1987년, Word사 간행).
할당된 책임량이 아니라 늘 베스트를 추구하면서
사는 것이 중요함을 이야기한 책.)

201

Make that extra call
at 4:30 P.M.

오후 4시 30분,
다시 한 곳을 방문하라.

202

Be consistently
aware of how you are
utilizing your time.
Conduct monthly audits.

시간의 적절한 활용을
늘 잊지 말아라.
한 달에 한 번,
시간 사용법을 점검하라.

203

A nice car is
not the key to success.
The key is the driver.

성공의 열쇠는
고성능 차에 있는 것이 아니다.
그것은 드라이버 자신이다.

204

Invest your time in customers
who have the financial ability
to purchase your products
or services.

상품이나 서비스를
판매할 만큼의 노력으로 고객에게
당신의 시간을 투자하라.

205

Your time budget
is as important as your
financial budget.

시간예산은
재정예산에 뒤지지 않을 정도로 귀중하다.

206

What's your best remedy
when you are feeling down?
Try making several new sales calls.
You will be amazed at the results.

실적이 갑자기 뚝 떨어졌을 때, 당신은
어떤 식으로 빠져 나가는가?
새로운 고객을
몇 군데 방문하라.
놀라울 정도로 효과가 있다.

207

Never accept mediocrity.

결코 평범에 길들지 말아라.

208

Make a stop in the
bathroom before your presentation.
This is an excellent time
to check your breath, teeth, hair
and shoulders for dandruff.

프레젠테이션 전에는
세면장에 들러라.
호흡과 치아를 점검하고,
머리카락과 어깨의 비듬을 털기에
적합한 시간이다.

209

Take time
to recharge your batteries.
Rest is important.

충전시간을 가져라.
휴식은 중요하다.

210

Improve your
speaking skills by enrolling in
Toastmasters or by attending a
Dale Carnegie course.

〈토스트 마스터즈 클럽〉에 입회하거나,
〈데일 카네기 코스〉에 출석하여,
화술을 연마하라.

(Toastmasters, Dale Carnegie course=
모두 화술을 배우기 위한 기관.)

211

Mend broken relationships.
Negative energy will keep you
from being productive.

금이 간 인간관계를 개선한다.
쓸데없는 일에 에너지를 소비해서는
실속 있는 일을 할 수 없다.

212

If you want to impress your
customers, make written notes
when they respond to
your questions.

고객에게 좋은 인상을 주고자 한다면,
당신의 질문에 대한 고객의 대답을
메모해 두어라.

213

Congratulate your peers
on their accomplishments.

동료의 성공을
축하하라.

214

Thank your
spouse for his or her
help and support.

아내 또는 남편의 도움과 지원에
감사하라.

215

Patience is a virtue.
Don't give up!

인내는 미덕이다.
포기하지 말아라!

216

Invite your customers
out for a glass of iced tea or
lemonade. You will be amazed
at how much they enjoy
the simple pleasures.

고객을 불러내어
차가운 음료나 레모네이드를
대접하라.
아주 사소한 것이지만, 그들을
예상밖으로 즐겁게 만들어 준다.

217

Do not be
an underachiever.

능력 이하의 업적에
만족해서는 안 된다.

218

Schedule daily quiet
time for planning, relaxing,
and brainstorming.

매일 조용한 시간을
계획 입안과 긴장을 푸는 휴식과
브레인스토밍으로 가득 채워라.

〔brainstorming = 집단으로 자유롭게 아이디어를 생각해내면서
문제를 해결하는 작업.〕

219

Always keep social and
business relationships separate.

사적인 교제와
비즈니스 교제를
항상 구별할 것.

220

Concentrate on sales,
not on marketing.

마케팅이 아니라
세일즈에 주력하라.

221

Believe in yourself.
If you don't, who will?

자기 자신을 신뢰하라.
그렇지 않으면 누가 당신을 신뢰하겠는가?

222

Be aggressive,
but not oppressive!

과감하라,
다만 억지를 부려 관철하지는 말아라!

223

If you smoke, don't light up
in front of your customers.

당신이 끽연가라면,
고객 앞에서는 담배를 피우지 않도록.

224

Keep your car,
especially the interior,
clean at all times.

자동차는 언제나
깨끗하게 해두어라.
특히 내부를.

225

Move fast.

신속하게 행동하라.

226

Remember that
none of us is more important
than the team.

어떤 개인보다
팀이 중요하다는 것을
잊지 않도록.

227

Don't be
too comfortable.

너무 안락해서는 안 된다.

228

Sales is like banking.
You have to make the deposits
before you can participate
in the withdrawals.

세일즈란
은행예금과 같은 것.
인출하기 전에
먼저 예금해 두어야 한다.

229

Don't waste your
time on conceptual training.
Be practical.

당신의 시간을
개념훈련에 낭비해서는 안 된다.
실제적이 되라.

230

Don't keep doing the
wrong things over and over.
Learn from your mistakes
and take another approach.

잘못된 방법을 언제까지나
되풀이하지 말아라.
실패에서 배워
다른 방법으로 시도하라.

231

Ask for help.

조언을 구하라.

232

Carry an adequate supply
of cash. Restaurants don't
always take credit cards,
and it is embarrassing to ask
your customer to pay.

현금은 충분하게 가지고 다녀라.
모든 레스토랑에서
크레디트 카드 사용이 가능하다고는
말할 수 없다.
고객에게 지불하게 하는 것은
참으로 난처한 일이다.

톰과 짓

《얀 이야기》 © 2000 JUN MACHIDA

233

There is no
replacement for effort.

노력을 대신하는 것은 없다.

234

If you can't find the time
to do it right the first time,
how will you find the time
to do it over and over?

지금 그 일을
처리할 시간이 없다면,
앞으로 그와 같은 시간을 몇 번이나
발견할 수 있겠는가?

235

Success does not
come easily. Are you willing
to pay the price?

성공은 쉽게 얻을 수 없다.
보상을 지불할 각오는 되어 있는가?

236

Excellence usually takes
a little longer.

탁월에 도달하는 데는
아마도 좀더 시간과 노력이 필요하다.

역자후기

 세상에는 수많은 직업이 있으며, 어떤 것이나 제각기 어려움이 있게 마련이지만 본서의 주제인 세일즈라는 일 역시 대단히 어려운 직업이라 할 수 있다. 좋은 상품을 파는 일뿐이라면 이야기는 간단하지만, 일은 그렇게 단순하지가 않다. 하물며 현대는 품질의 차이는 거의 없고, 더구나 다양한 특징을 갖춘 상품이나 서비스로 넘쳐나고 있다. 소비자에 대한 판매를 담당하고 있는, 세일즈라는 작업이 완수해야 하는 역할의 크기는 쉽게 상상할 수 있다.

 본서를 읽고 느낀 점은, 세일즈는 무엇보다도 사람과 사람과의 관계라 할 수 있다. 그것은 극히 인간적인 직업이라 해도 좋을 것이다. 본서에 제시된 2백36가지 교훈이 모든 직업 나아가서는 인생 자체의 교훈으로 통하고 있는 것은, 바로 그 때문이라 생각된다.

 저자는 〈단순하게 사고하면서 적극적인 비즈니스 작법을 개척〉하는 것이 중요하다고 서술하고 있다. 여기서 일관하고 있는 점은 추상적인 판매이론이 아니라, 어디까지나 〈실제적〉이라는 점이다. 언뜻 보기에 추상적인 이론에 비해, 구체적이고 실제적인 교훈은 자칫하면 한 단계 낮게 비칠지도 모른다. 그러나 저자의 출발점은 〈이론은 훌륭하지만 실제적인 면에서는 전혀 아니다〉라고 할 수 있는 다양한 판매이론에 대한 불만에 지나지 않았다.

 벽에 부딪쳐 난관에 봉착했을 때, 자기의 심리를 이론적으로 분석하는 일이, 과연 얼마나 효과가 있을까? 저자는 거침없이 「새로운 고객을 몇 군데 방문하라」고 말하고 있다.

 본서의 내용을 가까이 두고 체험에 비추어 음미해 볼 때, 반드시 실천이 뒷받침된 성공의 비결을 퍼올릴 수 있으리라 믿어 의심치 않는다.

 저자는 또한 예전에 텍사스대학 육상부 주장이었으며, 올 아메리칸에도 선출된 스포츠맨이기도 하다.

기본 단어

Accomplishments: 성공, 성취, 완성.
accordingly: ~에 따라서, 그것에 상응하는.
account: 기술, 서술, 변명, 설명, 이유, 중요성, 예금, 외상, 보고서, 이익, 밝히다, ~이라고 생각하다, ~으로 돌리다, 보고하다.
accountant: 회계사, 회계원, 경리계원, 회계관.
action: 궤도, 활동.
active: 끊임없이 활동하고 있는, 활동적인, 현행의, 적극적인, 유효한, 능동의, 유리한, 현역의.
adequate: 알맞은, 충분한, 적당한, 타당한, 이유가 있는.
administrative: 사무처리, 행정의.
advance: 전진시키다, 제시하다, 추진시키다, 진급시키다, 증가하다.
aggressive: 공격적인, 진취적인, 당돌한.
also-rans: 실패자, 낙오자.
amazing: 놀랄 만한, 경탄스러운.
an overpowering amount: 지독한 정도.
anniversary: 기념일, 축제일, 기일, 기념제, 예년의, 기념일의.
application: 적용, 응용.
appointment: 임명, 서임, 관직, 임무, 약속, 계약, 설비, 장비, 장구裝具.
appreciate: 정당하게 평가하다, 감상하다.
approach: 접근하다, 가까이 가다.
appropriate: 적합한, 적절한, 특유한, 독특한, 지출을 승인하다, 전유專有하다, 점유하다.
architect: 건축가, 건축 기사, 설계 기사, 제작자, 창조자.
arrogance: 거만, 무례, 오만.
articles: 기사 논설, 논문, 물건, 물품, 사람, 관사, 항목, 조항, 문제, 특별한 순간, 고발하다.
associates: 동료, 동업자, 친구.
attention: 주의, 배려, 겸손, 호의, 구혼.
attitude: 태도, 마음가짐, 느낌.
audience: 구경꾼, 회중會衆, 독자, 청취자, 지지자, 신봉자, 공식 회견.
audit: 회계 감사, 감사 보고서, 청취, 청문, 심리, 재판.
available: 이용할 수 있는, 유용한.
avoid: 피하다, 달아나다.

Behave: 행동하다, 처신하다.
benefit: 장점, 이익.
beware: 주의하다, 조심하다.
bountifully: 풍부하게, 아낌없이.
budget: 예산, 경비, 운영비.
burdens: 짐, 하물荷物, 무거운 짐, 부담, 적재량.
buzzwords: 전문적인 티를 내는 말.

Cancel: 취소하다, 소인을 찍다, 상쇄하다, 말소하다, 약분하다, 삭제하다.
capability: 능력, 재능, 수완.
cart: 짐마차, 손수레, 전차.

(get the cart before the horse: 정반대 되는 것을 하다, 본말이 전도하다.)
celebrate: 축하하다, 기념하다.
chamber: 방, 침실, 회의장, 집회장, 국고, 방에 넣다, 밀어넣다.
charge: 채우다, 부과하다.
cheap: 값싼, 손쉽게 얻어지는.
choose: 고르다, 선택하다, 바라다.
civic: 도시의, 시민으로서의, 시민의.
client: 소송 의뢰인, 변호 의뢰인, 상담자, 조언 의뢰인, 고객, 단골손님.
comfortable: 쾌적한, 편한, 안락한.
commerce: 상업, 통상, 무역, 교섭, 교제.
community: 지역 공동체, 민간단체, 특수 사회, 생물군집, 공유, 유사.
compensate: 벌충하다, 보상하다.
compete: 경쟁하다, 겨루다.
competitor: 경쟁자, 경쟁 상대.
complacent: 만족해 하는, 자기 만족의, 독선적인, 상냥한.
concentrate: 집중하다, 모으다.
conceptual: 개념의, 개념상의, 개념에 관한.
concern: 문제, 관심거리.
conservatively: 보수적으로, 조심스러운.
consistent: 일치하는, 변함이 없는.
consistently: 일정하게, 변치않게.
consolidated: 굳어진, 강화된, 통합된, 합병 정리된.
consume: 먹어치우다, 마셔 버리다.
convey: 나르다, 운반하다, 전달하다.
correspondence: 편지, 서신 왕래.

credibility: 신뢰성, 신용도.
crispness: 구겨짐.
critical: 흠을 들추어내기 좋아하는, 잔소리가 심한, 비평을 일삼는, 비판적인, 평론의, 위기의, 결정적인.
customer: 고객, 손님, 거래처, 단골손님, (상대하지 않으면 안 될) 사람.

Dandruff: 비듬.
deadly: 치명적인, 심한, 매우 정확한, 죽은 듯이, 심하게.
defeat: 좌절시키다, 무효로 하다.
defense: 방어, 수비, 변호, 옹호, 답변, 항변.
dependability: 신뢰, 믿음.
deposit: 은행예금, 계약금, 보증금.
detail: 세밀한 부분, 세부, 상세, 임명, 선발, 자세히 말하다, 상술하다, 열거하다.
develop: 끌어내다, 발전시키다, 발달시키다, 자세히 설명하다, 발현시키다, 알게 되다, 발생하다, 자라다.
developer: 개발업자, 개발자.
development: 발육, 발달, 개발, 확장, 발달의 결과, 발전의 소산.
differ: 다르다, 구별되다.
dump: 한 덩어리로 해서 내려뜨리다, 쏟아 버리다.
duty: 일, 의무, 책임.

Economy: 경제, 절약.
effective: 유능한, 효과적인.
efficiency: 효능이 있음, 유능함.
effort: 노력, 분투.

ego: 자만, 자존, 자아.
else: 그밖의, 그 이외의, 거기에 덧붙여, 게다가, 다른, 그렇지 않으면, 아니면, 어떤 다른 방법으로, 달리, 어딘가 다른 곳에서.
embarrassing: 난처한, 당황한.
emergency: 중대사건, 긴급사태.
employer: 고용주, 사용자.
emulate: 본받다, 경합하다.
establish: 자리잡다, 기르다.
excellence: 탁월, 우수, 우월.
expense: 비용, 지출, 손실, 희생.
expensive: 값비싼, 사치스러운.
experience: 경험, 경험에 의해 알다.
expert: 숙련자, 전문가, 능숙한, 노련한, 전문적인, 전문으로 삼다.

Fad: 일시적 유행, 일시적 열중, 변덕.
failure: 실패, 실수, 태만, 불이행, 부족, 결핍, 쇠약, 감퇴.
faith: 신의, 신뢰, 신용, 자신, 확신, 믿음, 의무.
farm: 양보하다, 남에게 맡기다.
favor: 은혜, 호의를 가짐.
feature: 특징, 특색, 두드러진 점.
feedback: 출력의 일부를 입력으로 변환하는 조작.
financial: 재정의.
fit: 적합한, 알맞은.

Gossip: 잡담, 험담, 뜬소문.
guarantee: 보증, 보장, 보증하다, 보증이 되다, ~하겠다고 약속하다, 떠맡다.

Happen: 일어나다, 우발하다, 우연히 ~하다, 닥쳐오다.
hero: 영웅, 용사, 일류.
hobby: 취미, 도락.
humility: 겸허, 겸손, 저자세, 비하, 겸허한 행위.

Identify: 동일시하다, 식별하다, 말하다, 확인하다
income: 수입, 소득.
increase: 증강하다, 증대시키다, 늘리다, 커지다, 증가하다, 높아지다, 더해지다, 번식하다, 증가, 증대, 증진.
inevitable: 피할 수 없는, 필연적인.
interaction: 상호 작용, 상호 영향.
invest: 투자하다, 돈을 들이다.
invite: 초청하다, 권하다.
involved: 뒤얽힌, 복잡한, 연루된, 열중한, 참가한.

Jewelry: 보석류, 장신구.

Knowledge: 지식, 학식.

Lasting: 오래 계속되는, 영속적인.
lawyer: 변호사, 법률 연구가, 법학자.
lead: 단서, 암시.
liquor: 알콜음료, 술, 증류수.
local: 장소의, 특정한 장소의, 부분의, 어떤 부분만의, 국한되어 있는, 지방 지부, 지방 거주자.
loyal: 충실한, 성실한, 의리가 있는.
luncheon: 점심식사, 오찬.

Manicure: 매니큐어, 손톱 다듬기, 미조술美爪術, 손톱 손질하다.
manipulate: 잘 다루다, 조정하다, 속이다, 휘두르다.
mediocrity: 평범, 좋지도 나쁘지도 않음.
mental: 마음의, 정신의.
mentally: 마음속으로, 마음으로, 지적으로, 정신에 관해, 정신적으로.
minimum: 최소의 양, 최저 한도, 최저액, 될 수 있는 대로 적은, 극소의.
modify: 수정하다, 다소 바꾸다.
motivate: ~에 동기를 주다, 자극을 주다, 흥미를 일으키다.

Necessarily: 반드시, ~은 아니다.
necessity: 필요, 필수.
needs: 꼭, 반드시, 어떤 일이 있어도.
negative: 쓸데없는, 거부, 거절.
notch: 옴폭한 곳, 득점하다.

Observe: 알아채다, 관찰하다.
occasions: 특별한 때, 중요한 행사, 유리한 경우, 근거, 이유.
offense: 공격, 위반, 범죄, 죄의 원인, 모욕, 화냄, 분개, 상해, 손해.
offensive: 불쾌한, 짜증나게 하는.
on one's toes: 기운찬, 활발한, 민활한, 빈틈 없는.
opportune: 밀접한, 적절한.
opportunity: 적절한 시기, 형편이 좋을 때, (목적을 달성하기에 알맞은) 상황, 조건, 기회.
oppressive: 부당한, 불공정한.
optimum: 최적 조건, 최고의, 최적의.
optional: 임의의, 자유 의지에 의한 선택에 맡김.
outcome: 결과, 성과, 결론, 출구.
overhead: 총경비, 간접비.

Package: 짐, 다발, 묶음, 꾸러미, 소포, 용기, 짐꾸리기, 포장, 일괄.
participate: 참가하다, 가담하다, ~을 함께 하다.
passive: 소극적인, 피동의.
patience: 인내, 견딤.
penetrate: 관통하다, 파고들다.
perception: 지각, 인지력, 직각直覺, 지각에 의한 인식 결과, 점유 획득.
perform: 수행하다, 행하다.
performance: 흥행물, 상연, 연주, 달성, 성취.
perfume: 향기, 향수.
persistent: 고집하는, 버티는.
pest: 귀찮은 것, 귀찮은 사람.
physical: 신체의, 육체의, 육욕의, 물질의, 자연의, 물리의, 물리적인.
positive: 명확하게 진술된, 분명한, 적극적인, 의심의 여지없는.
potential: 가능성 있는, 잠재적인, 강력한, 강대한, 가능성 잠재성.
present: 현재의, 출석해 있는, 존재하고 있는, 마음속에 있는, 당면의.
presentation: 증여, 수여, 소개.
prevent: ~의 발생을 방지하다, 일어나지 못하게 하다, 방해하다, 훼방놓다.
primary: 주된, 주요한, 최초의.

product: 산물, 생산품.
profession: 직업.
profile: 외형, 윤곽, 외모, 모양.
profit: 이익, 수익, 이윤, 벌다, 기회로 삼다, 소용되다, ~의 도움이 되다.
proofread: 점검하다, 교정보다.
proper: 적합한, 적절한, 알맞은.
proportion: 비례, 비율.
provide: 공급하다, 제공하다, 주다, 가져다 주다, 규정하다, 마련하다, 수배하다, 부양하다, 기르다.
purchase: 사들임, 구입, 매입.
purchasing agent: 구매담당자, 중간 상인.

Quarterly: 계절마다, 3개월마다.

Range: 한계, 한도, 범위.
rapport: 관계, 접촉.
reality: 현실임, 현실성, 실재하는 것, 실체, 본질, 본성.
reap: 거두어들이다.
rear: 배후, 등뒤, 뒤쪽.
receptive: 받아들이는, 이해력 있는.
rejoice: 기뻐하다, 즐거워하다.
relationships: 관계, 교섭, 사이.
replacement: 대역, 교체자, 대체품.
resist: 저항하다, 거역하다, 배척하다, ~의 작용에 견디다, 참다, 억누르다, 조심하다.
resources: 수단, 조치, 방책.
responsibility: 책임, 의무.
role: 역할, 의무.
rookie: 신인선수, 신병.
routine: 일상적인, 습관, 보통의.
rural: 시골의, 시골풍의.

Salesperson: 점원, 판매원.
sense: 분별, 사려, 통찰, 인지.
serious: 진지하게 생각하는, 사려 깊은.
shaggy: 지저분한, 푸석푸석한.
sharing: 몫, 할당, 나누다, 분배하다, 공유하다, 참가하다.
sharpen: 연마하다, 날카롭게 하다.
shoulder: 어깨.
silence: 침묵, 정적, 무언.
sincere: 거짓이 없는, 진실한.
skill: 수완, 기량, 솜씨, 손재주가 있음, 재주, 기능, 기술, 이유, 원인.
slack up: 태만해지다, 느슨해지다.
smart: 현명한, 영리한.
solicit: 탄원하다, 간청하다, 부탁하다.
solutions: 해결책, 해명.
sows: 뿌리다, 심다.
sparing: 참는, 자존심이 있는.
spouse: 배우자.
strive: 노력하다, 분투하다, 힘쓰다.
submit: ~을 내다, 제출하다.
suggest: 제시하다, 제창하다, 권유하다, 촉구하다, 생각나게 하다.
support staff: 지원 관리자.

Take~for granted: ~을 당연한 일로 생각하다.
target: 초점, 표적, 표적물, 달성 목표, 도달 목표.
technology: 과학기술, 공업기술.

telecommunications representative: 통신기기 판매업자.
thoroughly: 완전하게, 철저하게.
thought: 생각하기, 사고력.
trap: 올가미, 덫, 함정, 계략, 술책, 함정에 빠뜨리다, 가두다.
trends: 동향, 경향, 대세, 추이.
truly: 사실에 맞게, 진실과 일치해서, 정확하게, 정당하게, 합법적으로, 진정으로, 성실하게, 정말로.

Underachiever: 기대에 미치지 못하는 사람(사물).
unruly: 흐트러진, 무질서한.
urgency: 긴박한 일, 절박, 긴급, 집요함.
useless: 무익한, 소용 없는, 헛된.
utilize: 이용하다, 활용하다.

Value: 가치, 좋아함, 의미, 높이 평가하다, 존중하다.
various: 다양한, 가지각색의.
vendor: 파는 사람, 매수인.
veteran: 노련가, 베테랑.
virtue: 미덕, 장점.

Wardrobe: 의복류, 옷장, 의상실.
waster: 낭비하는 사람, 흠 있는 것, 파괴자.
wealth: 많은 재산, 부富.
wholesome: 건전한, 유익한, 건강에 좋은, 건전해 보이는, 건강한.
windshield: 앞유리.
wisdom: 현명함, 지혜, 학문, 격언.
withdrawal: 취소, 철수, 회수.
worrying: 걱정이 많은, 근심스러운.

박해순

인하대학교 일어일문과 졸업.
英·日語 번역가.
역서:《아니무스와 아니마》·《性과 미디어》외 다수.

인생은 앞유리를 통해서 보라

초판발행: 1996년 7월 20일
지은이: 버드 바게트
옮긴이: 박해순
펴낸이: 辛成大
펴낸곳: 東文選
제10-64호, 78. 12. 16 등록
서울 용산구 문배동 40-21
전화: 719-4015

편집: 김경희·박금옥

© 1996, 박해순, Printed in Seoul, Korea

ISBN 89-8038-705-9 02320

포르노그래피
【女子를 소유하는 男子들】

안드레아 드워킨 著 / 유혜련 譯

사드와 바타유로부터 킨제이報告, 플레이보이誌, 포르노테이프에 이르기까지 온갖 性묘사 속에 은닉된 〈意味〉를 적나라하게 파헤친 레디칼 페미니즘의 眞髓. 충격적인 폭로, 경악과 분노, 그리고 뜨거운 진실.

오늘날 미국에서의 포르노산업은 레코드와 영화산업을 합한 것 이상의 규모로 성장하였으며, 더욱더 많은 남자소비자들이 더욱더 많은 돈을 여기에 쏟아 붓고자 애를 쓰고 있다. 한국에서의 포로노산업 역시 번창일로에 있으며 차츰 사회문제를 야기시키고 있다. 더이상 포로노그래피를 은밀한 곳에 방치할 것이 아니라 학문적 영역으로 끌어들여 사회학적 · 도덕적 · 법률적 · 인권적 차원에서의 연구가 이루어져야 할 것이다.

현재 미국의 가장 열성적이며 대표적인 페미니스트 철학자이자 작가인 저자는 주로 성性과 여성에 가해지는 폭력, 포르노그래피에 나타나는 남자의 여성 지배 문제를 깊이 있게 다룬 글을 많이 써오고 있다. 포르노그래피란 〈매춘부들의 생생한 묘사〉라고 규정하고 있는 그녀는 본서에서, 포르노그래피가 앞으로 나아가야 할 길과 性을 어느 정도까지 상품화할 것인지 그 범위를 논한 것이 아니라, 포르노그래피 안에서 여자를 物化하여 지배하는 남자의 의식구조, 나아가 권력구조를 확인하여 실제 포르노그래피가 이 사회에서 갖는 의미를 밝히고, 그것을 통용시키는 현 사회현상을 신랄하게 꼬집고 있다.

그녀가 이 책을 집필할 당시, 대부분의 잡지와 신문이 그녀의 연구를 게재하는 것을 거부한 관계로 먹고 사는 일조차 힘들었다고 술회하고 있다. 그리고 2개의 출판사로부터 출판계약이 일방적으로 파기당하였으며, 12개 출판사로부터 일언지하에 거절당하였다. 가까스로 출판된 후에도 수년간 절판당해야 했었다.

性과 미디어
【의식조작의 시대】

윌슨 브라이언 키 著 / 박해순 譯

미디어 또는 광고에 있어서 교묘하게 진행되는 섹스에 의한 잠재의식의 조작을 적나라하게 파헤친 全미국 광고학 교과서.

우리가 보고 듣는 것이 결코 우리가 얻는 것의 전부는 아니다. 이 책은 대중매체가 만들어 내는 우리 시대 사회의 통념을 파헤치고 있다. 매일 그리고 매번 잡지나 텔레비전을 볼 때마다 자기의 의식으로는 제어할 수 없는 강력한 힘에 의해 현혹당하고, 교묘히 조작당하고 있는 것이다.

억지로 꾸며낸 말일까? 저자는 우리의 의식적인 이해가 못 미치고 무의식적인 두려움, 필요성, 그리고 욕망들에 직접적으로 영향을 미치는 전략가들인 광고업자들이 대중을 현혹하기 위해 사용하는 교묘하고 세련된 전략들을 파헤치고 있다. 숨겨진 메시지와 이미지 들이 여전히 만연해 있으며, 지금 우리는 **빠른 편집**, 음악, 거짓논리, 부조화나 상징과 같은 광고가 드러내 놓고 대중을 조작하는 방식들을 접하게 된다.

그리고 이러한 방법들은 단순히 광고에서만 사용하고 있지 않다. 사업, 대중음악이나 정치를 포함한 대중매체를 사용하는 사회의 거의 모든 분야에서 쓰여지고 있다. 우리가 수년 동안 보아왔던 49가지의 충격적인 삽화들, 즉 뮤직비디오, 마이클 잭슨의 춤에 담긴 이중의 의미부여, 샐러드 장식에 매몰되어 있는 성행위, 중요한 부분을 삭제한 술광고, 외설스러운 케이크, 그리고 심지어는 잡지를 팔기 위해 뉴스를 조작하는 방법 등에서 벌어지고 있는 것들을 볼 수 있도록 도와 줄 것이다.

이 책에서는 우리가 〈현실〉이라고 생각하는 것들을 대중매체가 어떻게 만들어 내고 있는가를 밝혀 주며, 왜 미국인들이 세계에서 가장 의식이 조작된 사람들인가를 설명하고 있다.

도발적이며 놀라운, 그리고 혁명적인 《性과 미디어 : 의식조작의 시대》는 우리 주위의 세상을 보는 관점을 영원히 바꿔 놓을 것이다.